T0327101

Spiritualität

Wolfgang Jean Stock

Kirchen und Kapellen in
Bayern und Österreich seit 2000

DG Deutsche Gesellschaft für
christliche Kunst

Deutscher Kunstverlag

und
Sinnlichkeit

Wolfgang Jean Stock
Spiritualität und Sinnlichkeit

Viele Jahre lang war der zeitgenössische christliche Sakralbau ein Randthema. In den wichtigen Medien wie auch in Verlagen wäre wohl niemand auf den Gedanken gekommen, dieses Thema intensiv bearbeiten zu lassen. Eine Zäsur in der publizistischen Aufnahme bewirkte Ende 2002 der erste Band jener Buchreihe zum europäischen Kirchenbau im 20. Jahrhundert, die von Architekt Erhard Fischer angeregt wurde, dem damaligen ersten Vorsitzenden des Vereins Ausstellungshaus für christliche Kunst (VAH) in München. Seither haben alle maßgeblichen europäischen Architekturzeitschriften immer wieder Themenhefte zum aktuellen Kirchenbau veröffentlicht. Diese Konjunktur hat aber ihre Schattenseiten. Es kamen auch Publikationen auf den Markt, die es an inhaltlicher Stringenz und gestalterischer Kompetenz fehlen ließen, etwa in Österreich ein Buch unter dem absonderlichen Titel ‚Gebaute Gebete'.

Mit unserem neuen Buch setzen wir zeitlich fort, was wir für das vergangene Jahrhundert zum ‚sakralen Raum der Moderne' im katholischen und protestantischen Kirchenbau vorgelegt haben. Auch wenn häufig das Gegenteil behauptet wird – noch immer werden in Europa sakrale Gebäude errichtet. Allerdings haben sich im Vergleich zum Kirchenbau-Boom während der letzten Nachkriegszeit die Aufgaben gewandelt. Statt mächtiger Pfarrkirchen sind im letzten Jahrzehnt eher kleinere Gebäude entstanden, darunter auch Kapellen und ‚Räume der Stille'. Außerdem wurden historische Kirchen in moderner Formensprache umgebaut oder erweitert.

Als erste Region in einer geplanten Reihe zum europäischen Sakralbau nach 2000 hat die DG Deutsche Gesellschaft für christliche Kunst die benachbarten Länder Bayern und Österreich ausgewählt. Besonders in diesem baukulturell übergreifenden Raum haben renommierte wie auch junge Architekten wieder die Verbindung von sakralem Raum und kunstvoll eingesetztem Licht gestaltet: eine neue Symbiose von Spiritualität und Sinnlichkeit anstelle von zuvor prosaischen Gemeindezentren. Unser Katalog, der eine Wanderausstellung begleiten soll, dokumentiert 14 Sakralbauten, die über ihre je eigene Qualität hinaus die heutigen Aufgaben anschaulich machen – von Neubauten und Erweiterungen bis hin zu Kapellen und einem kleinen Kloster. Dass sie als Höhepunkte heutiger Baukultur gelten, bezeugen auch die zahlreichen Preise und Auszeichnungen.

Für das Zustandekommen von Ausstellung und Katalog haben wir vielfach zu danken – an erster Stelle den beteiligten Architektinnen und Architekten sowie ihren Mitarbeitern. Unser Dank gilt auch dem Bayerischen Staatsministerium für Wissenschaft, Forschung und Kunst für den großzügig gewährten Zuschuss. Ebenso herzlich danken wir erneut Bernd Kuchenbeiser für seine einprägsame Gestaltung und Dagmar Zacher für ihr sorgfältiges Lektorat. Wir freuen uns sehr, dass der Deutsche Kunstverlag auch dieses Buch in sein Programm aufgenommen hat. Nicht zuletzt danken wir dem Verein Ausstellungshaus für christliche Kunst, der unsere Arbeit in der Galerie kontinuierlich fördert.

Eine Renaissance der Sakralität

Kirchenbau in Bayern und Österreich von der Nachkriegszeit bis zur Gegenwart
Wolfgang Jean Stock

Der gute Bauherr ist so unbequem wie der gute Architekt.
Friedrich Achleitner (1962)

Die Glocken stehen inzwischen auf Alarm. Was bislang überschaubare Kreise in Kirche, Wissenschaft und Denkmalpflege beschäftigt hat, das Schicksal nicht mehr gebrauchter Gotteshäuser, hat nun kürzlich die Mitte der Gesellschaft erreicht. Wenn das größte europäische Nachrichtenmagazin einen Artikel unter der Schlagzeile ‚Das letzte Abendmahl' veröffentlicht, um auf die Gefährdung des sakralen Erbes in Deutschland hinzuweisen, dann ist dieses brisante Thema in einer breiten Öffentlichkeit angekommen.[1] Tatsächlich sind in den letzten Jahren schon zahlreiche Kirchen abgerissen oder schlicht geschlossen worden. Nicht mehr in liturgischer Nutzung und dadurch gefährdet ist sogar ein Monument wie die frühere Pfarrkirche Heilig Kreuz in Bottrop von Rudolf Schwarz aus dem Jahr 1957.

Schätzungen besagen, dass in Deutschland von den rund 45 000 Kirchen der beiden großen christlichen Konfessionen in absehbarer Zeit bis zu einem Drittel nicht mehr gebraucht werden könnten. Besonders dramatisch ist die Lage im Ruhrgebiet und in Norddeutschland, allein im Bistum Essen stehen über achtzig Kirchen auf der Liste. Im besten Fall kann es gelingen, für ein aufgegebenes Gotteshaus eine sinngerechte, die Würde des Gebäudes wahrende Umnutzung zu finden, wofür es schon mehrere Beispiele gibt.[2] Zur ganzen Problematik hat eine wichtige deutsche Tageszeitung unlängst den Leitartikel ‚Wider das Kirchensterben' publiziert, der einem Appell gleichkommt – nichts dürfe unversucht bleiben, die Kirchen als Gebäude zu erhalten: „Als Gedenk- und Erinnerungsorte vergegenwärtigen sie die Vergangenheit, als Orte des Heiligen transzendieren sie die Gegenwart, als Stein gewordener Glaube bezeugen sie die sprachlich kaum fassbare Hoffnung auf Ewigkeit."[3]

Wenngleich in Bayern und Österreich die Situation derzeit noch viel entspannter ist, so überlagert auch hier die Sorge um das sakrale Erbe die Frage nach dem aktuellen Kirchenbau. Leider haben einige, darunter renommierte Publizisten die Legende verbreitet, der Sakralbau sei an sein Ende gekommen. Dass das Gegenteil richtig ist, dass noch immer Kirchen und Kapellen gebaut werden, dafür liefert auch dieses Buch den Beweis. Im Übrigen genießt der Kirchenbau in einigen anderen europäischen Ländern, etwa in Finnland, Polen oder Italien, seit etlichen Jahren sogar einen neuen Aufschwung.[4] Zugegeben: Die heutigen Bedingungen unterscheiden sich völlig von jenen in der langen Nachkriegszeit, die bis in die späten 1960er Jahre hinein andauerte. Damals wurden in Europa mehr neue Kirchen errichtet als insgesamt zu allen Zeiten seit der Ausbreitung des Christentums. Doch auch heute gibt es handfeste Gründe für Sakralbauten, wie die Beispiele in diesem Buch zeigen: ob nun Provisorien durch Neubauten ersetzt werden, ob wachsende Kirchengemeinden nach größeren Räumen verlangen oder mit Kapellen individuelle Zeichen gesetzt werden.

Auseinandersetzung mit Geschichte

Weil bereits ausführliche Beiträge vorliegen,[5] ist hier nicht der Ort, die Entwicklung in Bayern wie in Österreich zwischen 1950 und 2000 im Einzelnen zu rekapitulieren. Vielmehr sollen Schlaglichter auf einige herausragende Kirchen geworfen werden, um den geschichtlichen Hintergrund für das jüngere Bauschaffen anschaulich zu machen. Zunächst aber darf nicht unterschlagen werden, dass der Boom in der Nachkriegszeit neben Meisterwerken auch Tiefpunkte im Kirchenbau hervorgebracht hat. Bereits vor fünfzig Jahren sparte der US-amerikanische Autor George E. Kidder Smith nicht mit Kritik: „Den heutigen Architekten stehen geradezu atemberaubende Möglichkeiten offen, wobei die neue Freiheit aber auch missbraucht wurde. Abschreckende Beispiele sind die modernistisch aufgetakelten Kirchen, die man besonders in neuen Vorstadtsiedlungen immer wieder antrifft."[6]

1   Matthias Schulz: Das letzte Abendmahl, in:
    Der Spiegel, 2013, Heft 7, S. 108-110.
2   Dazu grundlegend Angelika Büchse, Herbert
    Fendrich, Philipp Reichling, Walter Zahner (Hrsg.):
    Kirchen. Nutzung und Umnutzung, Münster 2012.
3   Daniel Deckers: Wider das Kirchensterben,
    in: Frankfurter Allgemeine Zeitung,
    24. Dezember 2012, S. 1.
4   Siehe dazu Wolfgang Jean Stock: Es werde Licht.
    Im deutschsprachigen Raum werden noch Kirchen
    gebaut, in: Süddeutsche Zeitung, Feuilleton,
    12. Oktober 2011, S. 12.

5   Friedrich Achleitner über Österreich und Gabriele
    Schickel über Süddeutschland in Wolfgang Jean Stock
    (Hrsg.): Europäischer Kirchenbau 1950–2000,
    München u.a. 2002, S. 84-93 und S. 266-275.
    Siehe auch die Kapitel ‚Deutschland-Süd' und
    ‚Österreich' in Wolfgang Jean Stock: Architektur-
    führer Christliche Sakralbauten in Europa seit 1950,
    München u.a. 2004, S. 104-151 und S. 218-241.
6   G.E.Kidder Smith: Neuer Kirchenbau in Europa,
    Stuttgart 1964, S. 9.

Meisterwerke sind immer dann entstanden, wenn es auf der einen Seite Bauherren mit einem geschärften Bewusstsein für Qualität gab und andererseits Architekten, die fähig waren, bei dieser besonderen Bauaufgabe den spirituellen Dimensionen eine ebenso faszinierende wie angemessene Gestalt zu geben.

In Bayern waren während des Krieges zahlreiche Kirchen zerstört oder schwer beschädigt worden. Angesichts der Frage, wie mit solchen Ruinen umzugehen sei, nahm Hans Döllgast eine eigene Position ein. Beim Wiederaufbau der Abtei-kirche St. Bonifaz in München 1949/50 konnte er beispielhaft sein Programm der „schöpferischen Wiederherstellung" ausführen. Reparieren statt restaurieren hieß seine Devise: Aus den neoromanischen Trümmern der Basilika gestaltete er einen purifizierten Sakralraum mit Ergänzungen aus Beton, das nunmehr verkürzte Langhaus schloss er mit einer Nordwand aus Trümmerziegeln. Auf diese Weise blieben die Wunden des Krieges innen wie außen sichtbar.

Hans Döllgast, St. Bonifaz, Wiederaufbau
München, 1950

Helmut Striffler, Versöhnungskirche
Dachau, 1967

Ebenfalls eine tief gehende Auseinandersetzung mit der Geschichte bedeutete rund
zwei Jahrzehnte später die evangelische Versöhnungskirche in Dachau von
Helmut Striffler. 1967 fertig gestellt, gehört sie auch im internationalen Maßstab
zu den bedeutendsten Sakralbauten des 20. Jahrhunderts. Auf dem Gelände des
früheren Konzentrationslagers entwarf Striffler einen aus Sichtbeton plastisch
durchgebildeten „Gegenort" zum Rechteck-Schema der KZ-Planung. In ein Kiesbett
eingegraben, hat der Neubau nirgends einen rechten Winkel – auch die Böden
und Decken sind schräg. Als architektonische Antwort auf den dort zwölf Jahre lang
herrschenden Terror ist diese Kirche ein historisch einmaliges Zeugnis.[7]

7   Die Kirche ist dokumentiert in Stock (wie Anm. 5),
    S. 262-265, sowie in Wolfgang Jean Stock (Hrsg.):
    Gegen das Vergessen – Kunst und Geschichte,
    München 2007, S. 21-39.

Emil Steffann, St. Laurentius
München, 1955

Auch auf katholischer Seite gibt es in Bayern einen Schlüsselbau: die 1955 geweihte
Pfarrkirche St. Laurentius in München von Emil Steffann mit Siegfried Östreicher.
Ein Jahrzehnt vor dem Zweiten Vatikanum nahm sie durch ihre räumliche Konzeption
die Liturgiereform vorweg. Als bewusst scheunenartiges Gehäuse liegt sie in der
Mulde einer großen Grünanlage. Franziskanischen Geist verkörpert auch das Mauerwerk aus hart gebrannten Ziegeln, dessen feine Farbabstufungen die Fassaden
lebendig machen.[8]

8 Siehe Stock (wie Anm. 5), S. 42-45.
9 Telefonische Mitteilung von Friedrich Achleitner, Wien,
   am 19. April 2013.
10 Friedrich Achleitner (wie Anm. 5), S. 86.
11 Siehe Stock (wie Anm. 5), S. 80-83.

Sakralbau zwischen Mystik und Rationalismus

In Österreich, wo die Kriegszerstörungen wesentlich geringer waren,[9] orientierten sich die jungen Architekten der so genannten Holzmeister-Schule an der Wiener Akademie, darunter Johann Georg Gsteu, Friedrich Kurrent und Josef Lackner, zunächst an den deutschen Pionieren: „Sie entwickelten die Sehnsucht nach einer feiner strukturierten Spiritualität, die sie etwa bei Rudolf Schwarz fanden."[10] Was Schwarz, der rheinische ‚Mystiker', mit seinen Kirchenbauten als „bewohnbare Bilder" erstrebte, konnten diese jungen Architekten schon bald im eigenen Land erleben. Die 1962 geweihte, von Maria Schwarz vollendete Pfarrkirche St. Theresia in Linz ist nicht nur ein wichtiges Spätwerk des deutschen Meisterarchitekten, sondern auch, auf einem Hügel gelegen, der wohl dominanteste Kirchenbau, der damals und bis heute in Österreich errichtet wurde.[11]

Rudolf und Maria Schwarz, St. Theresia
Linz, 1962

Im gleichen Jahr 1962 veröffentlichte Friedrich Achleitner seinen Aufsatz ‚Kirchen, wie sie nicht sein sollen'.[12] Dieser luzide Text, leider viel zu wenig bekannt und rezipiert, war eine wortmächtige und durch Beispiele belegte Philippika gegen den Modernismus, der sich auch im österreichischen Sakralbau ausgebreitet hatte. Achleitner wetterte gegen Dilettantismus, Oberflächlichkeit und Mittelmaß: „[Der Modernismus] ist die kommerzialisierte, für den Markt präparierte und ‚fesche' Moderne. Er ist traditionslos, zeitlich und verständlich. Er pflegt die gefällige Form, ist ‚selbstverständlich modern, aber doch nett'." Diese Anklage ließe sich ohne Mühe auch gegen manchen Sakralbau erheben, der seither entstanden ist.

Wichtiger als der Einfluss von Rudolf Schwarz wirkte sich in Österreich dann jener des ‚rationalen Utopisten' Konrad Wachsmann aus, der an der Salzburger Sommerakademie lehrte. Dieser Einfluss kam zum einen bei den konstruktivistischen Bauten der Arbeitsgruppe 4 zum Ausdruck, etwa beim Seelsorgezentrum Ennsleiten in Steyr (1961 und 1971), zum anderen bei den Montagekirchen von Ottokar Uhl. Im Ganzen gesehen, war jedoch das Spektrum neuer Sakralbauten weitaus offener. Wie in anderen europäischen Ländern gab es auch in Österreich zwischen plastisch geformten Baukörpern, kubisch gestalteten Kirchen im Sinne des Beton-Brutalismus und Bauten aus Stahlteilen eine große Bandbreite. Am Ende des Jahrhunderts überraschten dann zwei Sakralbauten von Heinz Tesar, der sich mit guten Gründen als ‚Baukünstler' versteht. Sowohl seine evangelische Kirche in Klosterneuburg (1995) als auch die im Jahr 2000 geweihte, in den Boden „eingekerbte" Kirche in der Wiener Donau-City sind überzeugende Beispiele für eine neue Sakralität. Auch in Wien ist im vollständig mit Birkenholz bekleideten Feierraum, der Ruhe und Geborgenheit ausstrahlt, die Lichtführung das dominierende Thema.[13]

Heinz Tesar, Kirche in der Donau-City
Wien, 2000

Vom Mehrzweckraum zur neuen Sakralität

Hauptsächlich in der evangelischen Kirche verlagerte sich im Verlauf der 1960er Jahre die Entwicklung auf das Gemeindezentrum.[14] Dies bedeutete die Abkehr von einem betont sakralen Auftritt, etwa durch den Verzicht auf hohe Türme. An die Stelle des traditionellen Feierraums mit einem ‚kirchlichen Gepräge‘ trat der Mehrzweckraum. Die Absicht war, die Kirche zur Gesellschaft zu öffnen und Schwellenängste abzubauen. Für die Architektur bedeutete das allerdings, dass die meist flachen Gebäude eher anonym bis unscheinbar wirkten. Der Verzicht auf sakrale Selbstdarstellung wurde theologisch begründet, aber auch politisch – auf dem Kirchbautag 1969 forderte die Evangelische Jugend sogar das „Ende des Kirchenbaus" und die Verwendung der dadurch frei werdenden Finanzmittel für soziale Zwecke. Dass aufgrund des Wertepluralismus in der modernen Welt ein Kirchenbau nicht mehr „die Mitte" einnehmen könne, forderte auch der Architekt Walter M. Förderer, der sich selber freilich als Bildhauer verstand und mächtige skulpturale Sakralbauten entwarf.[15]

Horst Schwebel betrachtet die Konzeption des Mehrzweckraums im Rückblick als Irrweg: „Die Herausforderung solcher Gedanken, deren ethischer Ernst nach wie vor unbestritten ist, wirkte sich auf das Schaffen von Räumen und das künstlerische Gestalten ausgesprochen negativ aus. Kreativität stand unter dem Verdacht des Verrats an sozialer Verantwortung für das Ganze. Der Mehrzweckraum-Gedanke scheiterte nicht an mangelnder theologischer Reflexion, sondern an einer falschen Einschätzung anthropologischer Gegebenheiten. Bei dem Gebäude, das als Kirche angesprochen werden soll, in dem man Gottesdienst feiert und betet, besteht offenbar ein Bedürfnis nach Identifikation, das sich durch einen Mehrzweckraum nicht befriedigen lässt."

12 Friedrich Achleitner: Kirchen, wie sie nicht sein sollen, in: Christliche Kunstblätter, 1962, Heft 4, S. 129-132, Zitat S. 131.

13 Siehe Wolfgang Jean Stock und Walter Zahner: Der sakrale Raum der Moderne. Meisterwerke des europäischen Kirchenbaus im 20. Jahrhundert, Berlin und München 2010, S. 116-120.

14 Dieser Abschnitt folgt im Wesentlichen Horst Schwebel: Eine Scheu vor großen Gesten. Protestantischer Kirchenbau aus theologisch-liturgischer Sicht, in: Stock (wie Anm. 5), S. 218 ff., Zitat S. 220.

15 Walter M. Förderer: Kirchenbau von heute für morgen? Fragen heutiger Architektur und Kunst, Zürich und Würzburg 1964, S. 39 und S. 54 ff.

Kurt Ackermann, Friedenskirche
Gundelfingen, 1969

Ein neues Gemeindezentrum war aber nicht zwangsläufig mit einem Mehrzweckraum verbunden. Ein architektonisch herausragendes Beispiel ist die 1969 fertig
gestellte Friedenskirche in der bayerisch-schwäbischen Kleinstadt Gundelfingen an
der Donau. Entworfen hat sie Kurt Ackermann, der vor allem durch Industriebauten
mit innovativen Konstruktionen bekannt geworden ist. Das evangelische Gemeindezentrum ist ein harmonisch gegliedertes Ensemble aus kubischen Baukörpern, die
sich um einen von der Straße aus tiefer gelegenen Innenhof gruppieren. In seiner
‚wohnlichen' Schlichtheit intim wirkt der Kultraum, der vor allem durch eine Laterne
über der Altarzone belichtet wird. Die ganze Anlage zeichnet sich auch durch die
Beschränkung auf wenige Materialien aus.

16 Siehe Stock und Zahner (wie Anm. 13),
S. 108-111.

Während beispielsweise in Finnland die Kontinuität des modernen Sakralraums zu keiner Zeit unterbrochen wurde, musste in Mitteleuropa die Tradition des Kultraums neu begründet werden. Gleichsam als Wendepunkt lässt sich ein ebenso bescheidenes wie markantes Bauwerk verstehen: die Kapelle Sogn Benedetg im Schweizer Kanton Graubünden von Peter Zumthor aus dem Jahr 1988, übrigens das erste Gebäude, durch das der spätere Pritzker-Preisträger internationale Bekanntheit erlangte. Die Gestalt der Kapelle, das in einer Spitze zulaufende Oval der Holzkonstruktion, soll als ‚forma materna' an bergende Weiblichkeit erinnern. In diesem kleinen Bauwerk verbinden sich drei wesentliche Kriterien der wieder gewonnenen Sakralität: die Auseinandersetzung mit dem Ort, die gesteigerte Spiritualität durch kunstvolle Lichtführung und die sinnliche Präsenz des Materials.[16]

Peter Zumthor, Kapelle Sogn Benedetg
Somvix, 1988

Der Sakralraum als „Ander-Ort"

Vom großen Architekten und Städtebauer Theodor Fischer ist die Äußerung über-
liefert, die Wirkung eines Sakralraums zeige sich darin, dass der Mann den
Hut abnähme und das Weib schweige. Das klingt sehr salopp, weist aber auf die
Schwierigkeit hin, die Sakralität eines Kirchenraums in Sprache zu übersetzen.
Beim Reden oder Schreiben darüber wird deshalb oft auf das Numinose, das
eigentlich Unbegreifliche, das überwältigend Auratische verwiesen. In diese Rich-
tung äußert sich auch die Münchner Bildhauerin Sabine Straub, die schon mehrere
liturgische Ausstattungen gestaltet hat: Sie fasziniert an Kirchen „das Heilige
dieser Räume" oder „die Atmosphäre des Geheimnisses".[17] Der Architekturkritiker
Wolfgang Bachmann wiederum betrachtet nicht nur die Kirchen als „vielleicht die
letzten Freiräume, in denen noch etwas entworfen werden kann, das dem profanen
Nützlichkeitsdenken abhold ist",[18] sondern stellt auch die Frage: „Genügt es nicht,
eine Kirche als den Ander-Ort zu begreifen?" Er vertritt ohnehin die Auffassung,
dass Kirchen heutzutage Orte der Zuflucht und Stille statt Bastionen des Glaubens
sein sollten.

Dass Kirchenräume ganz andere Orte der Erfahrung sein sollen, sozusagen aus-
gegrenzt aus dem Getriebe des prosaischen und hektischen Alltags, darin decken
sich übrigens die Ansprüche von gläubigen wie von glaubensfernen Menschen.
Und so überrascht es auch nicht, dass sich sogar erklärte Atheisten für die
Erhaltung des sakralen Erbes aussprechen, sind ihnen doch Kirchen und Kapellen
in Dorf und Stadt auch Zeugnisse der kulturellen Vergangenheit.

Der Liturgiewissenschaftler Albert Gerhards hat in seinem Aufsatz ‚Sinn und
Sinnlichkeit sakraler Räume' betont, dass „Kirchengebäude in Mode gekommen
[sind] – zu einem Zeitpunkt, an dem sie verloren zu gehen drohen."[19] Doch sei vielen
Gemeindemitgliedern oftmals nicht bewusst, dass sie einen bedeutenden Kirchenraum besäßen, was vor allem Räume aus der Zwischen- und Nachkriegszeit betreffe.
Deshalb komme es darauf an, das „Verständnis der Sinngestalt des Gebäudes"
zu fördern. Zur Frage, was katholische Sakralität sei, schreibt Gerhards: „Sakralität
ist (...) keine mystische oder gar esoterische Größe, sondern vor allem eine Qualität dieser dreifachen Begegnung, die sich im Raum zeichenhaft manifestiert:
in seiner architektonischen Disposition, seinen Orten, Bildern und Symbolen, aber
auch in den sinnlich wahrnehmbaren Zeichen gelebter Frömmigkeit wie Kerzen-
und Weihrauchduft."

Bei vielen der neuen Kirchen ist die Rolle der bildenden Künste nicht zu unterschätzen. So ‚bilderlos' im herkömmlichen Sinne die Räume gestaltet sind, so präzis wurden künstlerische Beiträge eingeplant: Kunst nicht als nachträgliche Dekoration, sondern als gleichberechtigte Partnerin der Architektur. In der oberösterreichischen Diözese Linz, wo solche Gestaltungen besonders intensiv gefördert werden, hat man dafür die Formulierung „Kunst und Kirche auf Augenhöhe" gefunden.[20] In unserer Auswahl stehen dafür etwa die Beiträge von Keith Sonnier in Steyr, von Hella Santarossa in München und von Rudolf Bott in Neuried.

Epilog

Dieses Buch stellt beispielhafte Kirchen und Kapellen vor, die aus einer engeren Wahl von rund zwei Dutzend Bauten in Bayern und Österreich hervorgegangen sind. Leider muss man für den Alltag des kirchlichen Bauens feststellen, dass die Mehrzahl der Neubauten das hier gezeigte Niveau nicht erreicht. Weniger geglückte Sakralbauten sind jedoch allemal besser zu ertragen als ein vordergründiges Spektakel wie das hochtrabend Martin-Luther-Kirche genannte Kirchlein mit einem monströsen Altar im niederösterreichischen Hainburg an der Donau, dessen Gestaltung durch das Büro Coop Himmelb(l)au an einen Berufsanfänger erinnert, der bei seinem ersten kleinen Werk alles zeigen will, was er kann. Selten hat sich die selbst ernannte Avantgarde so hilflos gezeigt wie bei diesem Gebäude, das in einer Kritik beschönigend als „ein Stück Pop-Kultur" bezeichnet wurde.[21]

Der Autor dankt Friedrich Achleitner, Albert Gerhards, Winfried Nerdinger und Horst Schwebel für anregende Gespräche und wichtige Informationen.

17 Wolfgang Jean Stock (Hrsg.): Sabine Straub – Sequenzen, München 2013, S. 3.

18 Wolfgang Bachmann in: Baumeister, Zeitschrift für Architektur, 1999, Heft 6, S. 15.

19 Albert Gerhards: Sinn und Sinnlichkeit sakraler Räume. Kirchenraumpädagogik ist im Kommen, in: Herder Korrespondenz, 2006, Heft 3, S. 149-153.

20 Martina Gelsinger, Alexander Jöchl, Hubert Nitsch (Hrsg.): Kunst und Kirche auf Augenhöhe. Künstlerische Gestaltungen in der Diözese Linz 2000–2010, Linz 2010.

21 Isabella Marboe: Stairway to Heaven, in: Kunst und Kirche, 2011, Heft 4, S. 60-62.

Riepl Riepl Architekten

Pfarrkirche St. Franziskus, 2001

Steyr

Oberösterreich

Durch diese Kirche hat der Stadtteil Resthof im Norden von Steyr erstmals eine Mitte erhalten. Von gleichförmigen Wohnbauten aus den frühen 1970er Jahren gerahmt, bildet die aus kubischen Formen komponierte Kirche das städtebauliche wie auch das ideelle Zentrum des Wohnquartiers.

Der aus einem Wettbewerb hervorgegangene Entwurf von Peter und Gabriele Riepl öffnet den Kirchenbau einladend zu einem größeren Platz, wobei ein langes, von Rundstützen getragenes Vordach den voll verglasten Eingang schützt. Sowohl durch seine klare Gestalt als auch durch den monolithisch verwendeten, olivgrün durchgefärbten Beton unterscheidet sich der Kirchenbau von seiner uninspiriert geplanten Umgebung. Peter Riepl kam es auf ein lebendiges Gebäude an: „Die Kirche ist erdacht als poröser Körper, in dem die Fülle des Lebens Platz und Nischen findet. Das Haus dient dazu in fester und bestimmter Weise, verzichtet aber auf beherrschende Symbolik und bedrängende Botschaften. Der eigentliche Akteur ist das Leben selbst." Nach dem Entwurf der Architekten beherbergt das Gebäude sowohl Mensch, Pflanze und Erde als auch Stein, Wasser und Licht.

Vom Eingang aus erblickt man zunächst einen erhöht liegenden und nach innen verglasten Gartenhof, der japanisch gestaltet ist. Eine Konzentration auf wenige Elemente und Materialien zeichnet auch den rechteckigen, wohl proportionierten Kirchenraum aus. Der Boden ist mit Schieferplatten aus Portugal belegt, die Wände sind mit hellem Birkenholz ausgekleidet. Im Zentrum steht der Altarblock aus rot gebeiztem Holz, um den sich die Gemeinde auf drei Bankgruppen versammelt. Durch ein verglastes Band im Dach fällt wechselndes Tageslicht auf die Altarwand. Außerdem sind zwei Wände vom Boden durch ein kniehohes Unterlicht getrennt. Jenseits der verglasten Ostwand liegt ein Wasserbecken.

Die benachbarte Kapelle öffnet sich nach oben in den erhöhten Glaskubus, den das bei Dunkelheit leuchtende Kunstwerk des US-amerikanischen Künstlers Keith Sonnier ausfüllt. Seine Installation aus farbigen Leuchtstoffbändern, deren Formen an Fische erinnern sollen, an eine urchristliche Symbolik, ist bereits zum Wahrzeichen des Stadtteils geworden. Die Kirche wurde 2001 mit dem österreichischen Bauherrenpreis ausgezeichnet.

Die Kirche öffnet sich durch den verglasten Eingang
unter einem langen, von Rundstützen getragenen
Vordach einladend zu einem größeren Platz.
In der Kapelle hat Keith Sonnier mit farbigen Leuchtstoffbändern seine erste Arbeit im sakralen Raum
geschaffen.

3

4

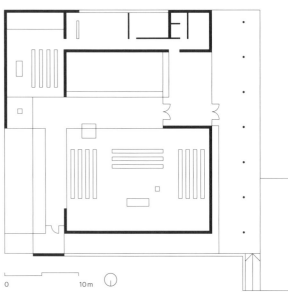

0   10m

In die offen gegliederte Raumfolge des Kirchenbaus ist
ein nach innen verglaster Gartenhof eingeschnitten,
der japanisch gestaltet ist (Abb. 3). Der kleine, zu
einem Wasserbecken hin orientierte Taufraum enthält
ein weiteres Kunstwerk von Keith Sonnier (Abb. 4).

Vor allem das helle Birkenholz der Wandverkleidungen
verleiht dem erweiterbaren Kirchenraum einen ruhigen
Charakter. Im Zentrum steht der Altarblock aus rot
gebeiztem Holz. Durch ein verglastes Band im Dach
fällt wechselndes Tageslicht auf die Altarwand.

Die Architekten Maria und Wilhelm Huber waren in den 1980er Jahren Mitarbeiter des berühmten Diözesanbaumeisters Karljosef Schattner in Eichstätt. In dessen ‚Bauhütte' konnten sie vor allem den sensiblen Umgang mit historischer Bausubstanz lernen. Ein vergleichsweise bescheidenes, doch eindrückliches Beispiel für neues Bauen in alter Umgebung ist die Erweiterung der Klosterkirche in Börwang nördlich von Kempten.

An der Stelle der heutigen Kirche stand eine Brauerei mit Gastwirtschaft. 1921 wurden die Gebäude an den Salvatorianerorden verkauft und als Kloster umgenutzt. 1949 wurde eine Kapelle angebaut, die auch von der Kirchengemeinde Börwang als Gotteshaus genutzt werden konnte. 1993 mussten zwei Drittel des Klosters abgebrochen werden, da es nicht mehr bewohnbar war. Weil aber die Filialgemeinde zunehmend größer wurde, beschloss man im Jahr 2000 eine Erweiterung des Kirchenraums in das ehemalige Kloster. Zunächst wurde die Rückwand der Kirche

entfernt und die Klostermauer zweigeschossig abgetragen. Dadurch konnte das Kirchenschiff um fünf Meter verlängert und eine Empore eingebaut werden. Zugleich wurde der Eingang zur Kirche von Norden nach Süden verlegt. Vollendet wurde der Umbau durch mehrere Eingriffe in das historische Gemäuer. So entstand nicht nur ein intimer Beichtraum, sondern durch das Zumauern kleiner Fenster ein schlankes Fensterpaar gegenüber dem Eingang. Die neuen Fenster sowie die große Fototafel in der Fassade wurden vom Künstler Christian Hörl gestaltet: Die sich nähernden Hände stehen nicht nur als Sinnbild für die kirchliche Gemeinschaft, sondern symbolisieren auch die Harmonie zwischen Geschichte und Moderne.

Die Architekten sahen ihre Aufgabe darin, „dem historischen Sakralraum mit kalkulierten Interventionen frisches Leben einzuhauchen". Ende 2009 wurde das Kloster aufgelöst, die Kirche wird aber weiterhin von der Gemeinde genutzt.

2

Aus der ehemaligen Kapelle des Klosters wurde eine
Kirche. Der neue Eingang auf der Südseite wird durch
die Doppeltür aus Stahl sowie die große Fototafel
des Künstlers Christian Hörl geprägt. Das farbige Foto
zeigt einen Blick in den Eingangsbereich.

3

4

Die Formensprache der architektonischen Eingriffe
ist zurückhaltend, aber kraftvoll. Auch die neuen
Kirchenbänke wurden von den Architekten entworfen.
Unter der Treppe zur Empore befindet sich der
intime Beichtraum, der als „Holzschrein" aus Lärche
entworfen wurde.

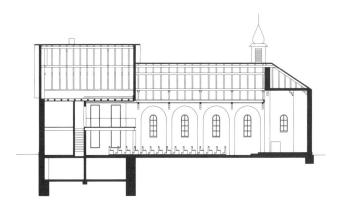

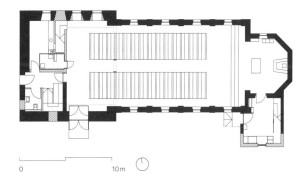

Durch die Verlängerung des Kirchenschiffs um
fünf Meter konnte der frühere Kapellenraum mit
zeitgenössischen Mitteln interpretiert werden.
Das bestimmende Element ist die breite Empore
aus Stahl und Holz, die den Feierraum in seiner
Höhe wirkungsvoll gliedert.

0   10 m

Die Pfarrkirche im Ferienort Podersdorf am Neusiedler See war derart zu klein geworden, dass während der Hochsaison bis zu vier Sonntagsmessen nacheinander gelesen wurden. Die großzügige Erweiterung zum Pfarrzentrum wurde durch einen Wettbewerb entschieden, den die Architekten mit ihrem zurückhaltenden Entwurf gewannen: „Wir wollten ein Gefäß für ein intensives Gemeindeleben finden."

Weil Podersdorf als einziger Ort direkt am Seeufer liegt, ist die Gemeinde bei Touristen besonders beliebt. Während der Hochsaison kann die Zahl der 2000 Einwohner bis auf das Fünffache ansteigen. Wegen ihrer Ausrichtung nach Osten steht die barocke Pfarrkirche als einziges Gebäude schräg an der Dorfstraße. Das Gotteshaus war aber nicht nur zu klein geworden, sondern bot aufgrund der räumlichen Enge auch keine Möglichkeiten für freiere Formen der Messgestaltung. Selbst für den liturgisch vorgeschriebenen Ambo fehlte der Platz. Um die extreme Raumnot zu beheben, fand auf Initiative eines Zisterzienserpaters ein zweistufiger Wettbewerb zur Erweiterung statt. Der siegreiche Entwurf von Lichtblau Wagner überzeugte auch städtebaulich. Weil der aus Sonntagskirche und Pfarrheim bestehende Neubau quer zu der niedrigen Bebauung im Straßendorf liegt, sind auch zwei öffentliche Bereiche entstanden: an der alten, jetzt werktags genutzten Kirche der „Stadtplatz", zu den Feldern hin die „Festwiese". Die beiden Kuben von Kirche und Pfarrheim

sind durch ein gläsernes Foyer miteinander verbunden. An ihren beiden Längsseiten gefasst wird die neue Anlage durch zwei 40 Meter breite Glaswände, auf denen neben Bibelzitaten auch weltliche Äußerungen aufgedruckt sind, die von Podersdorfer Kindern zum Thema Familie verfasst wurden. Die Typografie wurde vom Wiener Büro KS Visuell entworfen. Diese beiden ‚Textscheibenvorhänge' sind umso eindrucksvoller, als die beiden Teile des Neubaus gemäß der Formensprache der Architekten sehr sachlich gestaltet sind. Der trichterförmig zum Altar gerichtete und deshalb akustisch günstige Kirchenraum lässt in seiner Schlichtheit an die Tradition von Zisterzienserkirchen denken.

Die neue Sonntagskirche mit einer schrägen Dachlinie enthält auf radial angeordneten und hellgrau gepolsterten Bänken 250 Sitzplätze, weitere 150 Stehplätze können den Andrang während der Sommermonate aufnehmen. Altar und Ambo bestehen aus Stein. Tageslicht fällt durch schmale Wand- und Deckenschlitze ein. Vor die Glasfläche gegenüber dem Altar kann bogenförmig ein Vorhang gezogen werden, um dem Raum mehr Intimität zu geben. Unter dem geschliffenen Terrazzoboden liegt ein Erdkanal mit 500 Quadratmetern Fläche, der für eine energiesparende Luftverteilung sorgt. Die alte Sakristei dient beiden Kirchen. Das Pfarrzentrum wurde 2006 mit dem ‚International Architecture Award – The Chicago Athenaeum' ausgezeichnet.

Durch die Erweiterung zum Pfarrzentrum sind auch
zwei öffentliche Plätze entstanden, oben ein nächt-
licher Blick von der Festwiese. Seitlich gefasst werden
die gegenüber liegenden Neubauten durch zwei
mit Bibelzitaten und weltlichen Äußerungen bedruckte
Glaswände.

3

4

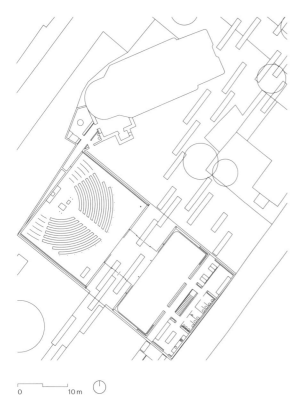

0   10 m

Die neue Anlage wurde quer zur Bebauung im
Straßendorf gesetzt. Durch die gemeinsame Sakristei
ist der neue Feierraum mit der barocken Kirche
verbunden. Die Fotos zeigen die zurückhaltende Architektur des Pfarrheims: links der Eingang, rechts die
Treppe aus Stahl.

In der so eleganten wie schmucklosen Sonntagskirche senkt sich der Terrazzoboden zum Altar hin ab,
zugleich steigt die Decke an. Diese Trichterform ist
akustisch günstig. Durch den verglasten Schlitz
zwischen Altarwand und Decke fällt Tageslicht auf
den Gekreuzigten.

Weil die historische Pfarrkirche für die erheblich gewachsene Gemeinde zu klein geworden war, fand zu ihrer Erweiterung ein eingeladener Wettbewerb statt, den die Brüder Peter und Christian Brückner gewannen. Das durch den markanten Neubau weitgehend überformte Gotteshaus stellt seither die neue Ortsmitte dar.

Um das vergrößerte Volumen der Kirche zur Geltung zu bringen, war auch eine Neuordnung des verbauten Außenraums notwendig. Die Architekten haben das ganze Gebäude frei gestellt, durch seinen „Holzmantel" aus 166 vertikalen Lamellen bildet es einen Blickfang. Zugleich wurden die liturgischen Mängel der früheren Kirche beseitigt. Das ursprünglich spätgotische Gebäude hatte nach seiner neugotischen Erweiterung von 1901 ein Langhaus mit Mittelgang und Hochaltar, das die aktive Mitfeier der Gemeinde im Sinne des Zweiten Vatikanums ausschloss. Deshalb wünschte sie sich einen breit angelegten Raum mit Seitengängen und einem großen Eingangsbereich. Dieser Wunsch deckte sich mit dem Entwurf der Architekten, den neuen Raum bildhaft als ein nach Norden orientiertes „Kirchenschiff" zu gestalten, in dessen Bug die etwas erhöhte Altarinsel liegt (Abb. 5). Typologisch nimmt die Kirche somit eine Zwischenposition ein: Sie ist weder ein Communio-Raum noch eine reine Wegkirche. Um den neuen Raum sinnvoll mit dem Altbau zu verbinden, wurde das entkernte Langhaus teilweise aufgeschnitten und der neue Baukörper eingeschoben. Wo sich die beiden Achsen im Winkel von 90 Grad kreuzen, liegt im Erdgeschoss der Eingangsbereich. Der verkürzte alte Altarraum wird als Werktagskirche genutzt. Die konsequente Durchdringung der beiden Baukörper hat zu einer großen Harmonie von Alt und Neu geführt.

Dies gilt ebenso für den Außenbau. Die beim Neubau 14,5 Meter hohe Lamellenstruktur aus einheimischer Lärche bildet die äußere Hülle der mehrschaligen Holz-Glas-Fassade, in die Stahlstützen integriert sind. Die Stützen tragen das mit Titanzinkblech eingedeckte Dach, das sich im Innenraum durch die klar gegliederte Lärchenholzdecke abzeichnet. Die sichtbaren Rippen steigen zum Altarbereich hin an und fallen dann im Bug wieder ab. Die Atmosphäre wird vor allem durch die blauen Glaswände bestimmt, die über dem massiven Sockel aufsteigen. Nach oben hin nimmt die Intensität der mit Computer aufgedruckten Farbe fortlaufend ab, um schließlich die Erscheinung des Himmels zu symbolisieren. Die Architekten wollten „den Durchblick zur Umgebung ausschließen, aber die wechselnde Außenstimmung in den Raum eindringen lassen". Die liturgische Ausstattung wurde von Helmut Langhammer gestaltet. Die Kirche erhielt 2011 den Jurypreis im Wettbewerb ‚Aktuelle Architektur der Oberpfalz'.

Der neue, durch vertikale Lamellen aus Lärchenholz umhüllte und im Bug spitz zulaufende Kirchenraum bildet in der Ortsmitte einen Blickfang. Zur Identität der Kirchengemeinde trägt der erhaltene Turm bei, dessen Maßstäblichkeit durch den Neubau gewonnen hat.

3

4

5

0   10 m

Wie ein Haus im Haus liegt die Orgelempore
im Schnittpunkt der Achsen von historischer Kirche
und Erweiterung (Abb. 3). Im zentralen Eingangsbereich geht der Blick nach rechts in den verkürzten
alten Altarraum, der als Werktagskirche genutzt
wird (Abb. 4).

Die Atmosphäre im Feierraum wird vor allem durch
die blauen Glaswände über dem massiven Sockel
bestimmt. Die Intensität der mit Computer aufgedruckten Farbe nimmt nach oben fortlaufend ab,
um schließlich die Erscheinung des Himmels zu
symbolisieren.

Architekten Luger & Maul   **Wels**

Römisch-katholisches Pfarrzentrum   **Oberösterreich**
St. Franziskus, 2004

Als „Kraftwerk Gottes" bezeichnen die Architekten ihr energetisch optimiertes Pfarrzentrum, das am Rand der Industriestadt Wels errichtet wurde. In Oberösterreich stellt die „Passivhaus-Kirche" ein offizielles Modellprojekt dar. Die flach konzipierte, aus einem Wettbewerb hervorgegangene Anlage liegt wie ein großes Möbel in der idyllischen Wiesenlandschaft, die vom Turmbau einer aufgelassenen Mühle dominiert wird.

Beim Wettbewerb bestand die Aufgabe darin, eine provisorische Seelsorgestelle aus dem Jahr 1997 zu einem Pfarrzentrum mit einem multifunktionalen Kirchenraum auszubauen. In dem nordwestlichen Stadtteil Laahen, der von zwei Autobahnen begrenzt wird und bislang nur sporadisch bebaut ist, wurde die L-förmige Anlage sehr sensibel in den Naturraum gesetzt. Dabei konnte der größte Teil der Pfarrwiese erhalten werden. Der Bestand, eine schlichte Halle, ist in dem lang gestreckten Bau des Pfarrheims aufgegangen, der das Grundstück nach Nordosten hin begrenzt. Im Erdgeschoss enthält er die Büros sowie unterschiedlich große Veranstaltungsräume, im Obergeschoss Wohnungen. Zwischen dem Pfarrheim und dem Kirchenbau liegt eine mit Glas gedeckte, als geschützter Vorplatz dienende Passage, die sich seitlich in einem gedeckten Gang fortsetzt, der zu dem auf der Wiese frei stehenden Kreuz führt. Der schwarz

glänzende, nach Südosten orientierte Baukörper des Kirchenraums wird von den niedrigeren Nebenräumen umfangen: von dem zur Passage hin voll verglasten Foyer, vom Pfarrbuffet und von der Taufkapelle, die ebenso wie der Feierraum zu einem großen Wasserbecken hin geöffnet ist. Sind die Nebenräume in Grau gehalten, so strahlen die Holzverkleidungen des Kirchenraums in einem leuchtenden Rot, das Wärme und Geborgenheit ausstrahlt. Der Raum ist mit losem, sehr bequemem Gestühl ausgestattet, da beispielsweise nach einer Trauung dort auch gegessen, getrunken und getanzt wird. Seinen besonderen Charakter erhält der Raum durch das etwa vier Meter breite und 13 Meter lange ‚Lichtportal', das über dem Wasserbecken aufsteigt und weit in das Dach hinein reicht. Je nachdem, wie dieser verglaste Einschnitt geöffnet oder geschlossen ist, ändern sich die Lichtverhältnisse. Die Architekten sprechen von einer Öffnung „zu Sonne, Mond, Sternen und Landschaft".

Die gesamte Anlage wurde in Holzriegel-Bauweise errichtet, weitgehend mit vorgefertigten Elementen. Die Montage des Pfarrheims dauerte eine Woche, die der Kirche samt den Nebenräumen zwei Wochen. Das hohe energetische Niveau zeigt sich vor allem an den Photovoltaik-Elementen, die den Kubus des Kirchenraums ummanteln. Das Pfarrzentrum wurde 2005 mit dem Holzbaupreis Oberösterreich ausgezeichnet.

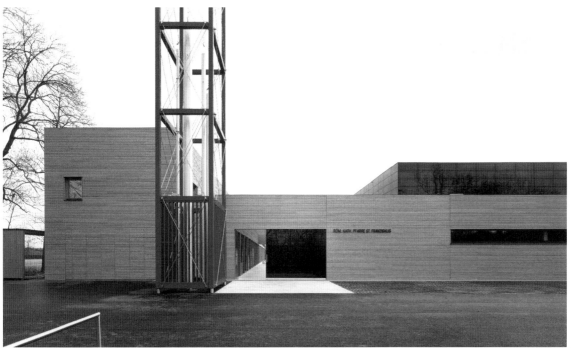

Eine mit Glas gedeckte Passage liegt zwischen dem
Pfarrheim und dem erhöhten Kubus des Kirchenraums, der mit Photovoltaik-Elementen ummantelt
ist (links im Bild). Röhrenglocken aus Aluminium
bilden das Läutwerk in dem 15 Meter hohen Turm am
Haupteingang.

3

4

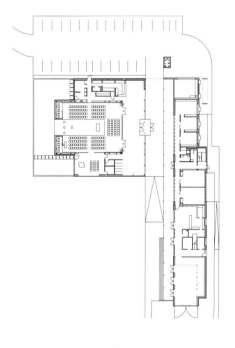

Die beiden Fotos zeigen den Kirchenraum mit
geöffnetem und geschlossenem Lichtportal. Auf dem
großen Foto geht der Blick nach links in die nied-
rigere Taufkapelle. Der Taufstein, von der Bildhauerin
Gabriele Berger geschaffen, ist als Quelle in den
Boden eingelassen und wird vom Brunnenwasser
gespeist.

0   15 m

Im Regensburger Vorort Burgweinting konnte die alte Dorfkirche die wachsende Zahl der Gläubigen nicht mehr aufnehmen. Deshalb schrieb die Gemeinde 1997 einen Wettbewerb für das neue Pfarrzentrum aus. Dabei verlangte sie ausdrücklich einen Beitrag zum Kirchenbau im 21. Jahrhundert. Sieger im Wettbewerb wurde das Kölner Architekturbüro Königs, dessen Vorschlag die Jury mit den Worten lobte: „Der Entwurf überzeugt durch seine ungewöhnliche Haltung von außen und innen und wird damit der erhofften Innovation gerecht."

Der kirchliche Bezirk am Ortseingang von Burgweinting wird von Mauern begrenzt und umfasst neben dem neuen Kirchenbau den Friedhof, die alte Kirche St. Michael, das Wohnhaus des Pfarrers, das Pfarrheim, den frei stehenden neuen Glockenturm und den Kirchvorplatz. In diesem Ensemble fällt die quaderförmige neue Kirche nicht durch traditionelle Merkmale ins Auge, vielmehr durch ihre schiere Größe und eine ungewöhnliche Fensteranordnung. Das Motto „Eine Kirche, die sich öffnet zum Himmel und Geborgenheit gibt auf Erden" war der Leitgedanke für den Wettbewerbsentwurf. Ähnlich wie die Kirche St. Nikolaus in Neuried (Projekt 9) verkörpert auch dieses Gotteshaus einen Gegensatz: In die orthogonale Kubatur wurde nach barocker Tradition eine Schale in freier

Geometrie eingestellt – der Besucher wird von einer dynamischen Innenwelt überrascht. Den visuellen Eindruck bestimmen ‚weiche' Raumkonturen und diskontinuierlich geneigte Wände mit unterschiedlichen Öffnungen. Eine Verbindung zwischen außen und innen stellt lediglich das Material der Wände her, der geschlämmte Ziegelstein. Der Ziegel wurde wegen seiner Maßstäblichkeit und Oberflächenqualität gewählt. Wesentlich für die Raumwirkung ist die Lichtführung. Das Tageslicht fällt über den Filter einer transluzenten Membran durch das Dach ein. Über der Membran liegt mit einigem Abstand ein Sheddach, in dem sich geschlossene Paneele mit mattierten und klaren Glasfeldern abwechseln. So ergibt sich eine im Tagesverlauf wechselnde Lichtstimmung.

Rechts vom Altar nimmt eine große Konche die Taufkapelle auf, links von ihm liegt der Durchgang zur Marienkapelle, die von den Künstlern Andrea Viebach und Werner Mally gestaltet wurde. Der Feierraum selbst ist schmucklos, um jede Ablenkung zu vermeiden. Die liturgischen Orte wurden vom Bildhauer Robert Weber entworfen. Zu den geschlämmten Wänden bilden die gebogenen Kirchenbänke aus geölter Buche einen farblichen Kontrast. Die Kirche wurde mehrfach ausgezeichnet, zuletzt 2008 mit dem Fritz-Höger-Preis.

3

Im Kirchenareal von Burgweinting, das lange
Mauern begrenzen, weisen lediglich die alte Zwiebel-
turmkirche und der neue, frei stehende Glockenturm
aus Beton und Holz auf die sakrale Nutzung hin.
Die neue Kirche ist durch eine freie Fensteranordnung geprägt.

4

5

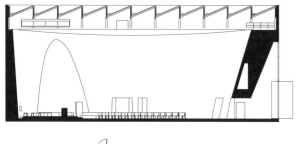

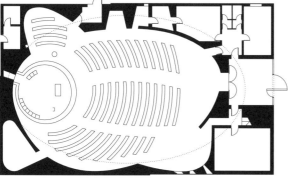

0   10 m   ①

Im Unterschied zum orthogonalen Außenbau ist
der hohe Feierraum durch diskontinuierlich geneigte
Wände dynamisch gestaltet. Die das Tageslicht
filternde Decken-Membran lässt das Dach immateriell
erscheinen. Im Gegensatz dazu steht das massive
Mauerwerk.

Räumliche wie auch geistige Mitte der neuen Messestadt Riem auf dem Gelände des früheren Münchner Flughafens ist das Kirchenzentrum der beiden großen christlichen Konfessionen am Platz der Menschenrechte. Die ganze Anlage richtet sich nach innen auf vier unterschiedlich dimensionierte Höfe, die von hohen Wänden mit einem präzisen Fugenbild geschützt sind.

Nach dem Wettbewerb im Jahr 2000, bei dem Florian Nagler einen der beiden ersten Preise gewonnen hatte, wurde über seinen Entwurf heftig gestritten. Etlichen Kritikern wollte nicht einleuchten, dass sich ein gemeinsames Zentrum von katholischer und evangelischer Kirche heutzutage nach außen hin durch nahezu geschlossene Mauern präsentieren darf. Mit einigen Änderungen an seinem Entwurf konnte sich Nagler aber schließlich durchsetzen. Die klosterartige, aus kubischen Baukörpern komponierte und nach außen hellweiß strahlende Anlage behauptet sich vor allem gegenüber dem mächtigen Nachbarn im Norden, einem Einkaufszentrum. Außerdem sorgt das kompakte, durch die zehn Meter hohen Umfassungsmauern massiger wirkende Volumen an allen vier Seiten für klare Kanten, auch zum Platz der Menschenrechte hin, wo der offene Kirchhof zwischen die beiden Feierräume eingeschnitten ist. Auf ihn weist der schlanke, auf dem flachen Gelände weithin sichtbare Glockenturm hin, der beiden Gemeinden dient. Wurde das Ziegelmauerwerk bei der Außenschale weiß geschlämmt (eine Analogie zu den umliegenden Putzbauten), zeigt es in den Höfen seinen naturroten Charakter. So vermittelt es dort zusammen mit den natürlich belassenen Hölzern, die vor den Fassaden der Pfarrhäuser als Sichtschutz dienen, eine ‚wohnliche' Atmosphäre. Die beiden Gemeindezentren sind ökumenische Nachbarn, doch jeweils auf sich selbst bezogen. Das Herzstück der Anlage bilden die beiden Feierräume, die sich durch erhöhte Aufbauten nach

außen hin abzeichnen. Sie sind unterschiedlich dimensioniert, durch ähnliche Materialien aber konzeptionell verwandt. Vor allem die dominanten, in einem silbrigen Grau gestrichenen Holzelemente lassen zusammen mit der Lichtführung wechselnde Raumstimmungen entstehen, wie man sie gerade aus skandinavischen Kirchen kennt. Die katholische Kirche St. Florian gliedert sich auf einem kreuzförmigen Grundriss in Werktagskirche, Hauptkirchenraum und Taufkapelle, wobei die unterschiedlich hohen Bereiche ineinander übergehen. Im Sinne der Communio steht die etwas erhöhte Altarinsel in der Mitte: Durch eine Öffnung im Dach von oben belichtet, wird sie auf drei Seiten von Sitzbänken umgeben. Gegenüber den 14 Glastüren, durch die man vom südlichen Hof aus den Kirchenraum betritt, erstreckt sich in der Altarwand das von der Künstlerin Hella Santarossa gestaltete Auferstehungsfenster, dessen zwischen Gelbrot und Grau changierende Farbtöne den Raumeindruck prägen. Altar, Ambo und Taufbecken sind von Martin Rauch geschaffene Objekte aus Stampflehm, die Aufsätze aus Travertin tragen. Seit 2010 tragen die 14 Glastüren den dunkelfarbigen Kreuzweg von Horst Thürheimer.

Die evangelische Sophienkirche hingegen stellt sich als schlichter Feierraum mit einem Seitenverhältnis von 1:1:1 dar. Hier ist nicht die Bildkunst bestimmend, sondern die raumgreifende Dachkonstruktion aus kreuzweise übereinander geschichteten Hölzern. Unter dieser „Krone" versammelt sich die Gemeinde auf losem Gestühl. Das von oben diffus einfallende Licht konturiert die liturgischen Orte von Altar, Ambo und Taufbecken, die von der Künstlerin Madeleine Dietz gestaltet wurden. Als bildhaftes Zeichen für Sakralität hängt an der Westwand das Kreuz von Raimer Jochims. Das Kirchenzentrum erhielt eine Anerkennung zum Balthasar-Neumann-Preis 2006.

3

Bei der nach außen hin hellweiß strahlenden Anlage
zeichnen sich die beiden Kirchenräume durch dunkle
Aufbauten ab. Der schlanke Glockenturm, der beiden
Konfessionen dient, ist auf dem flachen Gelände
weithin sichtbar. Eine schmale Gasse trennt die beiden
Bereiche.

4

0   20 m

6

Beide Kirchenräume enthalten Beiträge prominenter
Künstler. In der evangelischen Sophienkirche (Abb. 4)
wurden die liturgischen Orte von Madeleine Dietz
aus schwarzem Stahl und gebranntem Ton gestaltet,
über der Fensterwand hängt das in kräftigen Farben
gehaltene Kreuz von Raimer Jochims. Die katholische Kirche St. Florian (Abb. 5) ist geprägt zum einen
durch das Auferstehungsfenster von Hella Santarossa
(hier im Ausschnitt zu sehen), zum anderen durch
49   den dunkelfarbigen Kreuzweg von Horst Thürheimer.

Kapelle St. Benedikt, 2007   **Bayern**

Das kleine Bauwerk ist der Initiative eines privaten Bauherrn zu verdanken, der seit langem den Wunsch hatte, als Zeichen der Dankbarkeit eine Kapelle zu stiften. Gemeinsam mit ihm wurde ein Standort in dem alten, einst privaten Spinnereipark in der oberbayerischen Kleinstadt Kolbermoor gefunden, jedoch mit der Auflage des Bauamts, dass die Grundfläche des Sakralbaus nicht mehr als zehn Quadratmeter betragen dürfe.

Bei der Ausbildung der Kubatur wurde das klassische Bild einer Kirche mit Kirchturm zeitgenössisch interpretiert. Der in West-Ost-Richtung positionierte Baukörper wirkt größer als er tatsächlich ist. Dazu trägt neben seinen Proportionen die Gestaltung der

Details bei. Gliedernd wirken der symbolische Glockenturm sowie die beiden in die Seitenfassaden eingelassenen vertikalen Holzrinnen, die das Regenwasser offen führen. Das fließende Wasser soll als Sinnbild für den Lauf des Lebens stehen. Der Besucher tritt durch das raumhohe Portal in den schmalen Feierraum ein, dessen Hauptthema die Lichtführung ist. Der Raum wird ausschließlich mit Zenitlicht erhellt. Durch umlaufende Oberlichter scheint die Decke zu schweben. Die Reduktion auf Sichtbeton und Holz verstärkt die sinnliche Präsenz der Materialien. Die Architekten haben auch alle Möbel sowie die liturgische Ausstattung entworfen. Die Kapelle wurde 2008 mit dem zweiten Preis des ‚Frate Sole – International Award for Sacred Architecture' ausgezeichnet.

Die fensterlose Kubatur der Kapelle aus Sichtbeton
ist eine zeitgenössische Interpretation des klassischen
Bildes einer Kirche mit Turm. Die Seitenfassaden
werden vor allem durch die vertikal eingelassenen
Holzrinnen gegliedert, die das Regenwasser offen
führen.

3

4

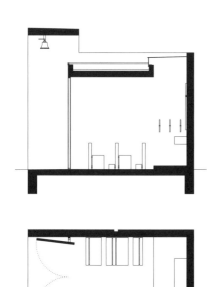

Der schmale Feierraum zeichnet sich durch eine
sympathische Schlichtheit aus. Er wird ausschließlich
durch umlaufende Oberlichter erhellt, weshalb die
Decke zu schweben scheint. Über Altar und Kreuz ist
der Raum zum Himmel hin geöffnet (Abb. 3).

Im Jahr 2008 wurden zwei Sakralbauten von Andreas Meck geweiht. Im Sommer das Dominikuszentrum in München, das durch seine ‚blaue Kapelle‘ mit künstlerischen Beiträgen von Rudolf Bott, Andreas Horlitz und Anna Leonie bekannt geworden ist. Im Herbst folgte das neue Pfarrzentrum St. Nikolaus in Neuried. Es wurde errichtet, weil das historische Gotteshaus zu klein geworden war und die Gemeinde auch künftig wachsen wird.

Da es auf der grünen Wiese keine städtebaulichen Ansatzpunkte gab, entwarf der Architekt ein kompaktes, aus drei Quadern und einem Kubus gebildetes Bauwerk, das somit auch energetisch vorteilhaft ist. Überragt wird die um einen Innenhof gestaffelte Anlage durch die Kubatur des Kirchenraums. Ihr Charakter wird gesteigert durch das Material, mit dem alle äußeren Oberflächen verkleidet sind. Dabei wurde der dunkle Klinker mit unregelmäßigen Steinen eingesetzt, um den Fassaden einen möglichst lebendigen Ausdruck zu geben. Durch seine homogene Erscheinung wirkt das Pfarrzentrum wie eine architektonische Skulptur. Mit Rücksicht auf die alte Kirche wurde auf einen Turm verzichtet, so dass die ehemalige Glocke des Münchner Liebfrauendoms in einem ebenso hohen wie schmalen Bauteil hängt, der zusammen mit dem ‚Sphärenkreuz‘ auf den Haupteingang verweist.

Erschlossen wird die Kirche durch den Innenhof, zu dem sich der Feierraum mit einer breiten Glaswand öffnet. Seine Gestalt wurde aus der Liturgie der Communio entwickelt: Pfarrer und Gemeinde sollen sich möglichst nah um den Altar versammeln. Die liturgische Ausstattung stammt überwiegend vom Silberschmied Rudolf Bott, der 2011 den Kunstpreis der DG (Deutsche Gesellschaft für christliche Kunst) erhalten hat. Neben Tabernakel, Taufstein, Vortragekreuz und sakralen Geräten hat er auch die markante Altarinsel gestaltet. Aus dem Boden ausgeschnitten, erhebt sie sich wie eine Bühne, wobei die Öffnungen nach unten symbolisch auf das Erdreich verweisen.

Die Atmosphäre im Raum wird vor allem durch die Lichtführung bestimmt. Nach barocker Tradition stellte der Architekt in den verkleideten Betonkörper eine eigenständige Raumschale mit geneigten Wand- und Deckenflächen. In dieses „weiße Gefäß“ gelangt durch zwei große Öffnungen seitlich und von oben diffuses Licht, das eine fast körperhafte Wirkung ausstrahlt. So ist es wie bei der Kapelle im Dominikuszentrum auch hier gelungen, einen Raum zum Klingen zu bringen und eine spannungsvolle Einheit von modernem Sakralbau und zeitgenössischer Kunst zu schaffen. Der Kirchenraum hat 2013 den BDA Preis Bayern für „atmosphärische Wirkung“ erhalten.

Das vom Architekten entworfene ‚Sphärenkreuz'
und der schmale Glockenträger weisen auf den
Haupteingang hin. Die ganze Anlage ist homogen mit
einem dunklen Klinker verkleidet. Die Nordansicht
macht die Komposition aus drei Quadern und einem
Kubus deutlich.

3

4

0   10 m

Der Grundriss zeigt die Gliederung des Pfarrzentrums um den Innenhof. Größter Baukörper ist die zum Hof hin geöffnete Kirche. Durch ein hoch liegendes Fenster in der Nordfassade und durch eine Dachöffnung (siehe die gestrichelten Linien) fällt indirektes Licht ein.

Der Künstler Rudolf Bott hat auch die Altarinsel gestaltet. Aus dem Boden ausgeschnitten, erhebt sie sich wie eine Bühne, wobei die Öffnungen nach unten symbolisch auf das Erdreich verweisen. Die Sakristei liegt unterhalb des nördlichen Lichtschachts (Abb. 6).

Die Kapelle liegt auf 1600 Meter Meereshöhe und bildet mit einer Alpwirtschaft sowie einem Jausenrestaurant ein kleines Ensemble. Auf den ersten Blick ein schlichter Stadel, entpuppt er sich als ‚heilige Scheune'. Mit ihr verbindet sich eine besondere Geschichte. Die Bauherren Feuerstein, welche die Alpe und das Ausflugslokal bewirtschaften, traf vor über dreißig Jahren ein schwerer Schicksalsschlag. Deshalb gaben sie das Versprechen, zum Dank eine Kapelle zu errichten, falls das nächste Kind gesund sein sollte. Als einige Jahre später die erste Tochter zur Welt kam, gingen sie mit ihrem Wunsch zum Pfarrer. Der riet ihnen jedoch ab und schlug stattdessen vor, den Geldwert des Bauwerks der Kirche zu spenden. Dies wiederum lehnte das Ehepaar Feuerstein ab. Als dann aber die Bauherrin an einem schweren Krebsleiden erkrankte, kam ihnen das

Versprechen wieder in den Sinn. Der neue Pfarrer unterstützte das Vorhaben. Am Ende des Alpsommers 2008 wurde die Kapelle aufgerichtet. Genau in diesen Tagen erhielt die Kranke einen Brief aus dem Spital. Der neue Befund lautete: krebsfrei. Damit schien sich geradezu ein Märchen erfüllt zu haben.

Die im Hang aufragende, eindeutig ausgerichtete Gestalt der Kapelle bildet sich im ruhigen Innenraum ab, der aus einem einzigen Material besteht. Der „hölzerne Körper" ist fast völlig geschlossen (Abb. 3). Lichtquelle ist ein Schlitz aus Glas, der die Altarwand wirkungsvoll von den Längsseiten und der Satteldachfläche trennt. Der Schlitz ist innen wie außen bündig mit der Wandfläche und ersetzt zwei Holzelemente. Die Kapelle wurde 2009 mit dem österreichischen Bauherrenpreis ausgezeichnet.

Die aus einem kleinen Wettbewerb hervorgegangene
Kapelle wurde mit örtlichen Mitteln in Handarbeit
errichtet: Das Holz stammt vom eigenen Wald,
die Steine für das Fundament wurden auf der Alp-
fläche gesammelt. Die Konstruktion ist ein vertikaler
Strickbau.

3

4

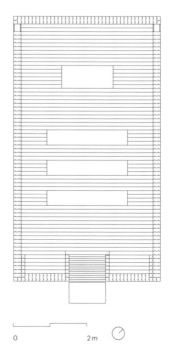

0   2 m

Die alpine Stiftungskapelle steht zwischen zwei
Wegspuren im Übergang von kultivierter zu natürlich
belassener Landschaft. Von dort aus, oberhalb
einer steil abfallenden Geländekante, reicht der reiz-
volle Panoramablick bis hin zum Bodensee.

Großes Glück hatten die Protestanten in Wolnzach nördlich von München. Ursprünglich sollte das neue Gemeindezentrum mit der Auferstehungskirche an der Peripherie entstehen, umgeben von üblichen Einfamilienhäusern. Der Wettbewerb, bei dem Claus + Forster den zweiten Rang erreichten und darauf den Auftrag, war bereits abgeschlossen. Als dann aber die Marktgemeinde einen Grundstückstausch anbot, griff die Kirchengemeinde zu. Auf diese Weise wanderte der Standort in die Ortsmitte. Die Architekten planten das Projekt um und bescherten Wolnzach einen städtebaulichen Glücksfall.

Der in einem leuchtenden Rot verputzte Kirchenbau mit einem schlanken Campanile steht auf einer früheren Brachfläche. Sein Gegenüber ist das Deutsche Hopfenmuseum, das einige Jahre früher als moderner Hallenbau errichtet wurde. Nur wenig entfernt vom alten Ortskern mit der barocken katholischen Kirche und dem historischen Rathaus, bilden die beiden Neubauten nun einen zweiten örtlichen Schwerpunkt. Diese Wirkung beruht auch darauf, dass sich deren Vorplätze über die Straße hinweg zu einem öffentlichen Raum verbinden. Auslöser für den Kirchenbau war die erheblich angewachsene evangelisch-lutherische Gemeinde. Wolnzach liegt so verkehrsgünstig zwischen mehreren Industriezentren, dass sich

zahlreiche Pendler angesiedelt haben, darunter Protestanten aus Norddeutschland. Das Budget der Diaspora-Gemeinde war allerdings sehr beschränkt. Umso beeindruckender ist es, was die Architekten aus der Aufgabe gemacht haben. Protestantischer Geist prägt das ganze Ensemble: von der klaren Gestalt der Baukörper bis hin zu den zurückhaltenden, sympathischen Innenräumen. Die bauliche Anlage in L-Form besteht aus dem niedrigen Trakt mit den Gemeinderäumen und dem selbstbewusst an der Straße aufragenden Kirchenbau, zwischen denen das verglaste Foyer wie ein Gelenk liegt. Entsprechend der protestantischen Typologie lässt sich der Kirchenraum mit einhundert Sitzplätzen durch zwei anschließende Gemeindesäle mit beweglichen Wänden flexibel erweitern.

Der Feierraum ist zusammen mit dem Künstler Holger Bollinger entstanden, von dem die Entwürfe für die liturgische Ausstattung und die farbige Wandgestaltung in einem warmen Orange stammen. Eine Besonderheit ist die Lichtführung: Vom Dach her unsichtbar einfallendes Licht beleuchtet indirekt die Altarwand sowie die kreuzförmige Öffnung in einer davor hängenden Blende. Als Fenster gestaltet, dominiert das Kreuzmotiv auch die ansonsten geschlossene Außenwand zur Straße.

In Sichtweite der barocken katholischen Pfarrkirche
bildet das Gemeindezentrum zusammen mit dem
gegenüber liegenden Hopfenmuseum einen
zweiten örtlichen Schwerpunkt. Mit Ausnahme des
schlanken Campanile sind die Baukörper in einem
leuchtenden Rot verputzt.

3

4

5

Der Feierraum ist zusammen mit dem Künstler
Holger Bollinger entstanden. Von ihm stammen die
liturgische Ausstattung sowie die farbige Wandgestaltung in einem warmen Orange. Hinter einer
abgehängten Blende fällt indirektes Licht auf die
Altarwand (Abb. 4).

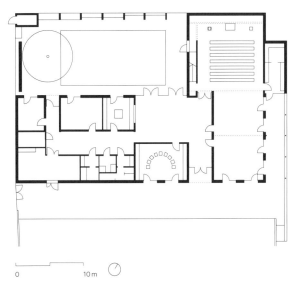

Die Absicht der Architekten war es, einen Sakralraum
zu schaffen, „der kontemplativ für die individuelle
Andacht und gleichermaßen gemeinschaftsbildend
sein soll". Der Grundriss zeigt die L-Form der Anlage
mit dem nach Südosten hin zweimal erweiterbaren
Kirchenraum.

Dieses kleine Klostergebäude mit seiner einprägsamen Kapelle ist ein Vorbild dafür, dass Bauherren zuweilen gut beraten sind, einem alternativen Vorschlag ihrer Architekten zu folgen. Der Neubau entstand anstelle eines ausgebauten Dachgeschosses im alten Kloster. Er zeigt beispielhaft, dass sich selbst eine so traditionelle Bauaufgabe mit einer modernen Formensprache lösen lässt.

Das 1888 in Prag gegründete Kloster St. Gabriel war das erste Frauenkloster der Beuroner Kongregation. Nach dem Ersten Weltkrieg zog die Gemeinschaft der Benediktinerinnen auf die Burg Bertholdstein in der Oststeiermark. Das Jahr 2008 brachte dann einen doppelten Einschnitt: Zum einen trat die Gemeinschaft von der Kongregation in die Föderation der Benediktinerinnen von der hl. Lioba über, zum anderen verließ der klein gewordene Konvent die Burg und zog nach St. Johann bei Herberstein im Nordosten der Landeshauptstadt Graz in das neu erbaute Klostergebäude. Ursprünglich war geplant gewesen, für den Konvent das Dachgeschoss in der benachbarten alten Klosteranlage auszubauen. Die Architekten rieten davon ab, weil die besondere Aura des Innenhofs mit einem Kreuzgang verloren gegangen wäre. So entstand nach Westen hin der Neubau, der mit dem historischen Kloster ('Haus der Frauen') und der Kirche ein räumliches Ensemble bildet.

Das neue Gebäude wurde an eine steil abfallende Hangkante gesetzt, um auf der schmalen Bergkuppe einen möglichst großen Freiraum für beide Klöster zu schaffen. Aus dem kompakten Baukörper des Neubaus tritt auf der Ostseite der Kubus der Kapelle hervor und bildet somit einen kleinen Vorplatz am Eingang. Durch seine fast hermetische Gestalt weist der Kubus auf die besondere Nutzung hin. Der Innenraum in den Maßen 8 × 8 × 8 Meter ist geprägt durch die schräg abgeschnittene Nordost-Ecke (außerhalb verläuft ein Weg zum Tal) mit der von oben belichteten Altarwand. Tageslicht fällt zudem ein durch die markanten, auf den Kopf gestellten Dreiecksfenster in zwei gegenüber liegenden Raumecken. Im Zentrum steht der Altar aus gegossenem Kunstharz, der vom Künstler Kurt Strasnicky gestaltet wurde.

Die Südfassade des Klosters mit dem zurückgesetzten Dachgeschoss ist charakterisiert durch die fächerförmig versetzten Erkerfenster, die zur Kirche hin orientiert sind und den Einzelzimmern einen Sichtschutz bieten. In der viergeschossigen Nordfassade hingegen sind die Fenster entsprechend den Funktionen frei verteilt. Das ganze Haus zeichnet sich durch eine noble Sachlichkeit aus, die auch auf dem mit Ursula Aichwalder entwickelten Farb- und Materialkonzept beruht.

3

Am Eingang zum Kloster tritt der Kubus der Kapelle
mit den markanten Dreiecksfenstern hervor.
Während in der talseitigen Nordfassade die Fenster-
öffnungen frei verteilt sind (Abb. 2), ist die Südfassade
durch die fächerförmig versetzten Erkerfenster
geprägt (Abb. 3).

4

5

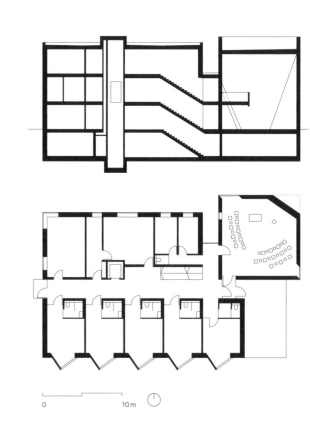

Die Kapelle ist ein Kubus mit abgeschnittener
Nordost-Ecke. Analog zur dreiecksförmig von oben
belichteten Altarwand sind die diagonal gegenüber
liegenden Dreiecksfenster gestaltet. Der Altar
besteht aus gegossenem Kunstharz, in den ein
Hohlkörper eingeschrieben ist.

Das markante Bauwerk in der fränkischen Marktgemeinde Dietenhofen östlich von Ansbach ist international sehr rasch wahrgenommen worden:
zum einen wegen seiner ungewöhnlichen Gestalt
und künstlerischen Ausstattung, zum anderen als
erste Kirche in Deutschland, die ausschließlich mit
regenerativer Energie versorgt wird. Der Neubau
der Diözese Eichstätt hat eine Behelfskirche am Orts-
rand aus dem Jahr 1956 ersetzt.

Weil die örtliche Umgebung keine städtebaulichen
Ansatzpunkte bot, wählte der damalige Diözesanbaumeister Karl Frey die Ellipse als Grundform des
Neubaus. Die Form hat bei seinem Projekt eine mehr-
fache Bedeutung: Sie symbolisiert eine Grundbewe-
gung der Schöpfung (etwa jene der Bahn der Erde
um die Sonne), sie ermöglicht durch ihre Bipolarität
unterschiedliche Formen der Liturgie, und schließlich wertet sie als Blickpunkt die amorphe bauliche
Nachbarschaft auf. Weil die rechtwinklig angebauten
Nebenräume (darunter die Sakristei) wie Flügel
wirken, hat sich nicht zuletzt ein schöner Freiplatz im
kleinstädtischen Gefüge ergeben. Das Tragwerk
der Kirche ist eine Stahlkonstruktion, die von zwei
Schalen aus Glas umhüllt ist. Außen trägt der Rahmen
eine geschuppte ,Haut' aus geripptem Industrieglas,
die alle bauphysikalischen Anforderungen erfüllt.

Die innere Hülle dient hingegen künstlerischer
Gestaltung: In die umlaufenden schwarzweißen
Glasschuppen sind sieben große Glasstreifen
in den Farben Rot, Blau, Grün und Ocker eingelassen.
Das sich überlagernde Lichtspiel der Farben, von
den Schweizer Künstlern Godi und Lukas Hirschi entworfen, verleiht dem Feierraum eine fast mystische
Atmosphäre. Die elliptische Grundfläche stellt in
barocker Tradition eine Verbindung von Zentral- und
Langraum dar. Hier ist in der Längsachse der ,litur-
gische Weg' mit fünf Orten zwischen Tabernakel und
Osterleuchter inszeniert. Die liturgischen Orte wie
auch die Stationen des Kreuzwegs sind Entwürfe
des Künstlers Rudolf Ackermann. 125 Gläubige finden
Platz, auch auf den Bänken entlang der Wände, was
an altchristliche Kirchen erinnert. Über dem ganzen
Raum scheint die Betondecke, unterfangen von einem
Netz aus gewölbten Stahlrippen, zu schweben.

Die Kirche ist klimaneutral, weil sie vollständig mit
erneuerbarer Energie versorgt wird. Den Strom liefert
eine Solaranlage auf dem Dach, die Heizung wird
mit Erdwärme betrieben. Weil die Photovoltaik-Anlage
hinter der Attika verborgen ist, kann man sie nur aus
der Vogelschau sehen. Das Projekt war in der Diözese
Eichstätt nach zwanzig Jahren der erste Kirchen-
Neubau.

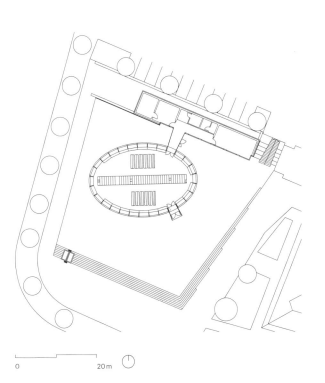

0   20 m

Besonders bei Nacht ist die ellipsenförmige Kirche ein Blickfang im Ortsbild. Rechts im Bild sind die rechtwinklig angebauten Nebenräume zu sehen, die mit dem Kirchenraum durch einen Gang verbunden sind. Das kleine Foto zeigt die sehr sachlich gestaltete Sakristei.

3

4

In die innere Hülle aus schwarzweißen Glasschuppen sind sieben starkfarbige Glasstreifen aus mund-geblasenen Elementen eingelassen. Das sich stets neu überlagernde Lichtspiel der Farben verleiht dem nur zehn Meter hohen Feierraum eine fast mystische Atmosphäre.

Ausgangspunkt für diesen neuen Sakralbau in der kleinen Industriestadt Herzogenaurach bei Nürnberg war auch hier eine erheblich angewachsene evangelische Gemeinde. Die historische Kirche war längst zu klein geworden. Das Besondere der Lösung besteht darin, dass die wenigen erhaltenen Elemente des Altbaus völlig vom Neubau überformt sind. Entstanden ist ein zeichenhaftes, unverwechselbares Gebäude.

Das schlichte Bauwerk aus dem Jahr 1934 war eine typische Diaspora-Kirche. Zu ihrer Erweiterung wurde sie bis auf den Chorraum, die Balkendecke und das Betonkruzifix abgebrochen. Die Erweiterung legt sich als breite Raumschicht um den alten Kern, wodurch die Kapazität des Kirchenraums verdoppelt werden konnte. Die atmosphärische Spannung im Raum ergibt sich aus der archaischen Schwere des Rundbogens der alten Apsis sowie der Haptik der alten Decke im Gegensatz zu den neuen leichten und hellen Holzskelett-Konstruktionen der Erweiterung. Alle Stützen und Träger bestehen aus Furnierschichtholz. Die Setzung der Rundstützen auf den früheren Grundmauern macht die Dimensionen des alten Kirchenraums ablesbar. Entsprechend zum Baldachin in der dunklen Decke umschließen die neuen Wandverkleidungen aus gebeiztem Ahorn den Raum. Das Holz wurde „mit

seiner ökologischen Signifikanz eingesetzt, aber auch mit seiner konstruktiven Ästhetik und den akustischen Möglichkeiten". Belichtet wird der Feierraum, dessen steinerne Prinzipalstücke vom Architekten selbst entworfen wurden, durch die hoch liegenden Fensterbänder im Sinne von Obergaden, wobei sich der Einfall des Südlichts durch Läden manuell steuern lässt. Im Unterschied zu der eher kontemplativen Lichtführung im sakralen Zentralraum, der bis zu 300 Sitzplätze auf losem Gestühl bietet, ist das zum Vorplatz geöffnete Foyer von Licht durchflutet. Die hoch liegenden Sonnenschutzläden bewirken hier eine Stimmung in der Art einer Orangerie. An der Nordwand des Foyers hat das historische Betonkruzifix einen neuen Platz gefunden.

Der unverwechselbare Außenbau wirkt durch seine skulpturale Großform sowie seine Bekleidung mit Holzschindeln. Aus dem breiten Sockel steigt das Turmdach hervor, eine zeitgenössische Analogie zu dem von mittelalterlichen Türmen geprägten Stadtbild. Für Eberhard Wimmer zählt ein Sakralraum zu den bedeutendsten Räumen, die sich eine Gesellschaft bauen kann: „Der sakrale Raum wendet sich dem Menschen zu, gerade indem er seine metaphysische Bestimmung ausdrückt und der liturgischen Handlung dient."

Der neue, auf einer kleinen Anhöhe stehende
Kirchenbau ist ein Blickfang im Wohngebiet. Aus dem
breiten, großzügig aufgeglasten Sockel mit dem
auf das Doppelte erweiterten Feierraum steigt das
hohe Turmdach hervor. Bekleidet ist das Gebäude mit
Holzschindeln.

2

3

4

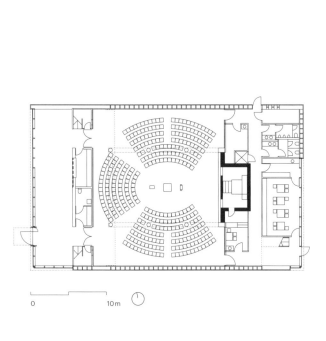

0   10m

Die Rundstützen des neuen Zentralraums zeichnen
den Grundriss der alten Kirche nach (Abb. 2).
Darunter ist das Foyer mit dem Betonkruzifix zu
sehen. Die Prinzipalien Taufstein, Altar und Ambo sind
aus einem einzigen Steinblock mit fünf Schnitten
entstanden (Abb. 4).

2

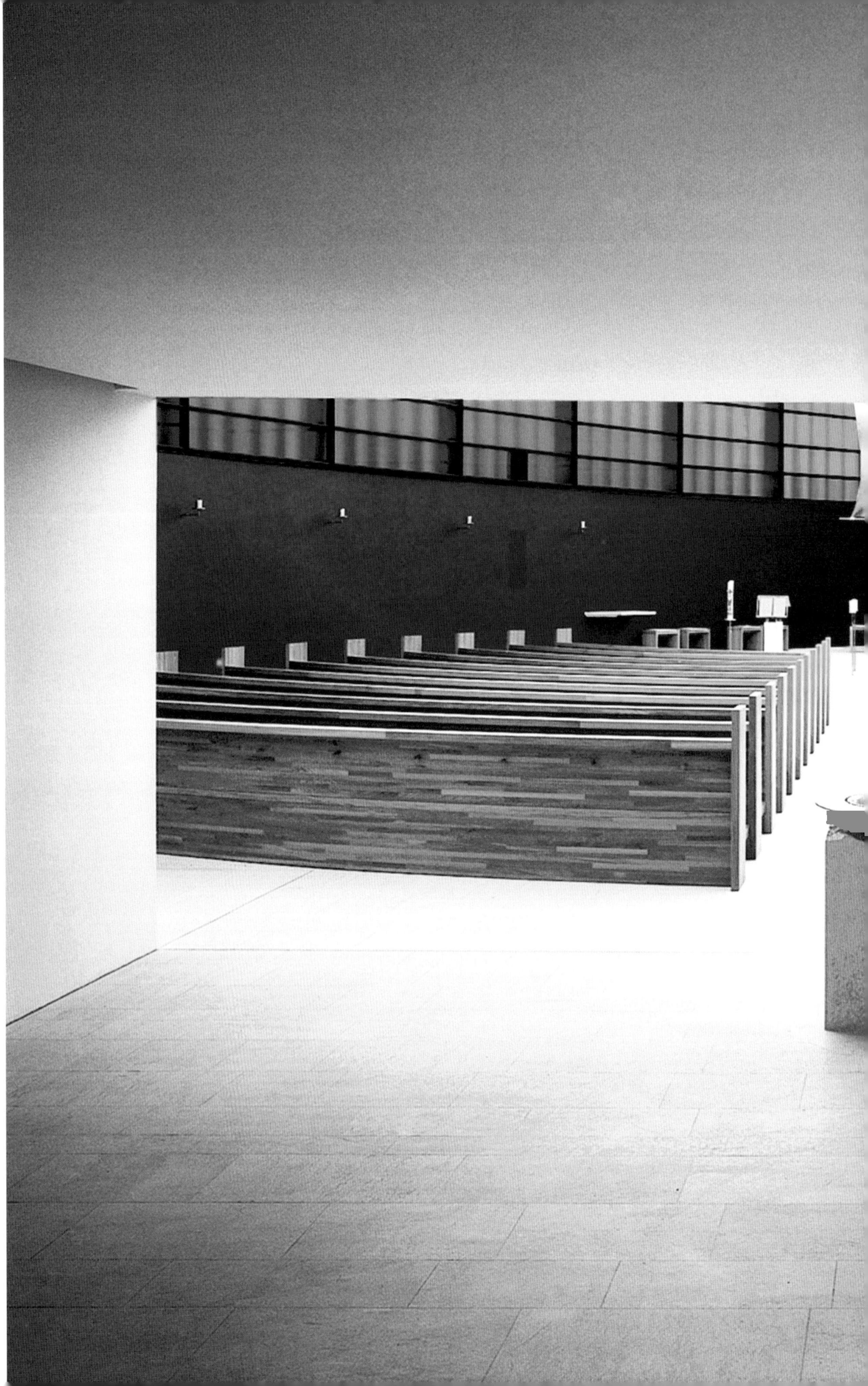

...und er wird abwischen alle Tränen von ihren Augen, und der

12

1 Pfarrkirche St. Franziskus, 2001
Steyr, Oberösterreich
Riepl Riepl Architekten

Bauherr: Römisch-katholische Pfarrexpositur
St. Franziskus, Steyr
Adresse: Siemensstraße 15, 4400 Steyr, Österreich
Telefon Kontakt: +43 (0) 7252 75481
pfarre.steyr.resthof@dioezese-linz.at

Riepl Riepl Architekten, Linz/Wien
Peter Riepl, Gabriele Riepl
Mitarbeiter: Dietmar Moser,
Wolfgang Jelinek, Andreas Sturmberger
www.rieplriepl.com

2 Klosterkirche Mater Salvatoris, 2001
Umbau und Erweiterung
Börwang im Allgäu, Bayern
Architekturbüro Wilhelm Huber

Bauherr: Diözese Augsburg
Adresse: Wageggerstraße 6,
87490 Haldenwang-Börwang, Deutschland
Telefon Kontakt: +49 (0) 8374 6002

Architekturbüro Wilhelm Huber, Betzigau
Wilhelm und Maria Huber
www.architekturbuero-huber.de

3 Römisch-katholisches Pfarrzentrum, 2002
Podersdorf am Neusiedler See, Burgenland
Lichtblau Wagner Architekten

Bauherr:
Erzbischöfliches Ordinariat Eisenstadt
Adresse: Seestraße 67, 7141 Podersdorf am See,
Österreich
Telefon Kontakt: +43 (0) 2177 3285
pfarramt@pfarre-podersdorf.at

Lichtblau Wagner Architekten, Wien
Andreas Lichtblau, Susanna Wagner
Mitarbeiter: Waltraud Derntl, Markus Kierner
www.lichtblauwagner.com

4 Pfarrkirche St. Peter, 2003
Umbau und Erweiterung
Wenzenbach bei Regensburg, Bayern
Brückner & Brückner Architekten

Bauherr:
Katholische Kirchenstiftung Wenzenbach
Adresse: Hauptstraße 14,
93173 Wenzenbach, Deutschland
Telefon Kontakt: +49 (0) 9407 2558
wenzenbach@bistum-regensburg.de

Brückner & Brückner Architekten,
Tirschenreuth/Würzburg
Peter Brückner, Christian Brückner
Projektteam: Rudi Völkl, Martin Csakli,
Stefan Dostler, Martina Fischer,
Wolfgang Herrmann, Christine Kreger,
Robert Reith
www.architektenbrueckner.de

5   Römisch-katholisches Pfarrzentrum
St. Franziskus, 2004
Wels, Oberösterreich
Architekten Luger & Maul

Bauherr: Römisch-katholische Pfarre
Wels St. Franziskus
Adresse: St.-Franziskus-Straße 1,
4600 Wels, Österreich
Telefon Kontakt: +43 (0) 7242 64866
pfarre.stfranziskus.wels@dioezese-linz.at

Architekten Luger & Maul, Wels
Maximilian Luger, Franz Maul
Mitarbeiter: Andreas Kirchsteiger
www.luger-maul.at

7   Ökumenisches Kirchenzentrum, 2005
München-Riem, Bayern
Florian Nagler Architekten

Bauherr: Evangelisch-Lutherischer
Dekanatsbezirk München, Baureferat
Kuratiestiftung St. Florian, vertreten durch das
Erzbischöfliche Ordinariat München, Baureferat
Adresse: Platz der Menschenrechte 1-3,
81829 München, Deutschland
Evangelisch-lutherische Sophienkirche
Telefon Kontakt: +49 (0) 89 94389977
pfarramt.riem@elkb.de
Katholische Pfarrei St. Florian
Telefon Kontakt: +49 (0) 89 9394870
st-florian.muenchen@ebmuc.de

Florian Nagler Architekten, München
Florian Nagler
Mitarbeiter: Steffen Bathke, Günther Möller,
Matthias Müller, Thomas Neumann
www.nagler-architekten.de

6   Pfarrkirche St. Franziskus, 2004
Regensburg, Bayern
Königs Architekten

Bauherr: Katholische Kirchenstiftung,
Regensburg-Burgweinting
Adresse: Kirchfeldallee 3, 93055 Regensburg,
Deutschland
Telefon Kontakt: +49 (0) 941 705760
burgweinting@bistum-regensburg.de

Königs Architekten, Köln
Ulrich Königs und Ilse Maria Königs
Mitarbeiter: Claudia Pannhausen, Thomas Roskothen,
Volker Mencke, Ilka Aßmann, Christoph Schlaich,
André Rethmeier, Bernd Jäger,
Sabine Bruckmann, Christoph Michels, Max Illigner
www.koenigs-architekten.de

8   Kapelle St. Benedikt, 2007
Kolbermoor bei Rosenheim, Bayern
Kunze Seeholzer Architekten

Bauherr: Franz Stettner, Kolbermoor
Adresse: Conradtystraße, 83059 Kolbermoor,
Deutschland
Telefon Kontakt: +49 (0) 89 22844810

Kunze Seeholzer Architekten, München
Stefanie Seeholzer, Peter Kunze
Mitarbeiterin: Marta Binaghi
www.kunze-seeholzer.de

9   Pfarrzentrum St. Nikolaus, 2008
     Neuried bei München, Bayern
     Meck Architekten

     Bauherr: Katholische Kirchenstiftung
     St. Nikolaus, vertreten durch das
     Erzbischöfliche Ordinariat München, Baureferat
     Adresse: Maxhofweg 7, 82061 Neuried, Deutschland
     Telefon Kontakt: +49 (0) 89 7507640811
     st-nikolaus.neuried@erzbistum-muenchen.de

     Meck Architekten, München
     Andreas Meck
     Projektleitung: Axel Frühauf, Susanne Frank
     Mitarbeit: Johannes Dörle, Alexander Sälzle,
     Werner Schad, Wolfgang Kusterer
     www.meck-architekten.de

10   Bergkapelle, 2008
     Andelsbuch bei Dornbirn, Vorarlberg
     Cukrowicz Nachbaur Architekten

     Bauherr: Irene und Leo Feuerstein, Andelsbuch
     Adresse: Alpe Vordere Niedere,
     6866 Andelsbuch, Österreich
     Telefon Kontakt: +43 (0) 5574 82788

     Cukrowicz Nachbaur Architekten, Bregenz
     Andreas Cukrowicz, Anton Nachbaur-Sturm
     Team: Andreas Cukrowicz, Anton Nachbaur-Sturm,
     Emanuel Gugele, Vera Hagspiel,
     Christian Schmölz, Hermann Nenning
     www.cn-architekten.de

11   Evangelisches Gemeindezentrum, 2008
     Wolnzach, Bayern
     Claus + Forster Architekten

     Bauherr: Evangelisch-Lutherische
     Kirchengemeinde Pfaffenhofen/Ilm
     Adresse: Klosterstraße 8,
     85283 Wolnzach, Deutschland
     Telefon Kontakt: +49 (0) 8441 805060
     pfarramt@ev-paf.de

     Claus + Forster Architekten, München
     Wilfried Claus, Günter Forster
     Mitarbeiter: Sven Betzler, Markus Mühlbach,
     Niklas Rollenhagen, Peter Bergweiler
     www.claus-und-forster.de

12   Kloster St. Gabriel, 2008
     St. Johann bei Herberstein, Steiermark
     Henke und Schreieck Architekten

     Bauherr: Abtei St. Gabriel
     Benediktinerinnen von der hl. Lioba
     Adresse: St. Johann Nr. 7a,
     8222 St. Johann bei Herberstein, Österreich
     Telefon Kontakt: +43 (0) 3113 515960

     Henke und Schreieck Architekten, Wien
     Dieter Henke, Marta Schreieck
     Projektteam: P. A. de Azambuja Varela,
     Andreas Hampl, Torsten Klöppelt
     www.henkeschreieck.at

13 Filialkirche St. Bonifatius, 2009
Dietenhofen bei Ansbach, Bayern
Diözesanbaumeister Karl Frey

Bauherr: Diözese Eichstätt,
vertreten durch Domkapitular Leodegar Karg,
Finanzdirektor der Diözese
Kirchenstiftung Dietenhofen-Großhabersdorf,
vertreten durch Pfarrer Sturmius Wagner
Adresse: Herrenstraße 15,
90599 Dietenhofen, Deutschland
Telefon Kontakt: +49 (0) 9824 921975

Diözesanbaumeister Karl Frey, Eichstätt
Mitarbeiter: Richard Breitenhuber, Robert Fürsich
www.bistum-eichstaett.de/dioezesanbauamt

14 Evangelische Kirche, 2010
Herzogenaurach bei Nürnberg, Bayern
Eberhard Wimmer Architekten

Bauherr: Evangelisch-Lutherische
Kirchengemeinde Herzogenaurach
Adresse: von-Seckendorff-Straße 3,
91074 Herzogenaurach, Deutschland
Telefon Kontakt: +49 (0) 9132 4516

Eberhard Wimmer Architekten, München
Eberhard Wimmer
www.eberhard-wimmer-architekten.de

Wolfgang Jean Stock wurde 1948 in Aschaffenburg geboren. Studium von Neuerer Geschichte, Politologie und Soziologie in Frankfurt am Main und Erlangen. Nach wissenschaftlicher und journalistischer Tätigkeit 1978 bis 1985 Direktor des Kunstvereins München. 1986 bis 1993 Architekturkritiker der ‚Süddeutschen Zeitung'. 1994 bis 1998 stellvertretender Chef-redakteur der Architekturzeitschrift ‚Baumeister'. 1999 bis 2005 freier Publizist und Buchautor. Seit 2006 Geschäftsführer der DG Deutsche Gesellschaft für christliche Kunst und künstlerischer Leiter ihrer Galerie in München. Seit 2007 Mitglied im wissen-schaftlichen Beirat der ökumenischen Zeitschrift ‚Kunst und Kirche'. Zahlreiche Veröffentlichungen zur zeit-genössischen Kunst sowie zur modernen Architektur.

Buchveröffentlichungen zum Kirchenbau

Hrsg.: Europäischer Kirchenbau – European Church Architecture 1950–2000, München u.a. 2002, ²2003 (dt./engl.).
Architekturführer: Christliche Sakralbauten in Europa seit 1950 – Christian Sacred Buildings in Europe since 1950, München u.a. 2004 (dt./engl.).
Europäischer Kirchenbau 1900–1950, Aufbruch zur Moderne – European Church Architecture 1900–1950, Towards Modernity, München u.a. 2006 (dt./engl.).
Der sakrale Raum der Moderne. Meisterwerke des europäischen Kirchenbaus im 20. Jahrhundert, Berlin und München 2010 (mit Walter Zahner).

Fotonachweis

Gefördert vom Verein Ausstellungshaus für
christliche Kunst e.V., München

Die DG Deutsche Gesellschaft für christliche Kunst
dankt allen Fotografen, die uns großzügig
ihr Bildmaterial zur Verfügung gestellt haben,
für ihre freundliche Unterstützung.

Jann Averwerser, München
51, 53, 95
Peter Bonfig, München
27, 28, 29, 82, 108 oben rechts
Andreas Cukrowicz, Bregenz
61
Walter Ebenhofer, Steyr
39, 40, 41, 88, 109 oben links
Marianne Heil, München
63, 64, 65, 100, 110 unten links
Michael Heinrich, München
55, 56 rechts, 110 oben links
Henke und Schreieck, Wien
68 rechts
Florian Holzherr, München
Titel, Frontispiz, 23 oben, 56 links, 57, 96
Klaus Kinold, München
10, 11, 12, 13, 14, 17
Bruno Klomfar, Wien
32, 33, 84
Roland Krauss, Wien
68 links, 69, 103
Kunze Seeholzer, München
52, 109 unten rechts
Carl Lang, Corralejo
71, 72, 73, 104, 111 oben
Peter Manev, Selb
35, 36, 37, 86, 108 unten rechts
Stefan Müller-Naumann, München
47, 48, 49, 92, 93, 109 unten links
Sigrid Neubert, München
16
Michael Christian Peters, Schondorf
75, 76, 77, 106, 111 unten
Christian Richters, Berlin
43, 44, 45, 90, 109 oben rechts
Hanspeter Schiess, Trogen
59, 60, 98, 110 oben rechts
Margherita Spiluttini, Wien
31, 67, 108 unten links, 110 unten rechts
Dietmar Tollerian, Linz
23 unten, 24, 25, 80, 108 oben links

Katalog 133 der DG erscheint zur Ausstellung
‚Spiritualität und Sinnlichkeit'
in der Galerie der
DG Deutsche Gesellschaft für christliche Kunst
14. Juni bis 2. August 2013

Idee und Konzeption: Wolfgang Jean Stock
Frontispiz: Keith Sonnier,
‚Tears for St. Francis', Steyr, 2001 (Detail)
Gestaltung: Atelier Bernd Kuchenbeiser, München
Bearbeitung der Zeichnungen:
Florian Lechner, Weilheim
Lektorat: Dagmar Zacher, Haar
Lithografie: Serum Network, München
Druck: Eberl Print GmbH, Immenstadt
Bindung: Buchbinderei Josef Spinner, Ottersweier

1. Auflage 2013

ISBN 978-3-932322-36-5 (Verlag der DG)
ISBN 978-3-422-07225-1 (Deutscher Kunstverlag)

Bibliografische Information der Deutschen
Nationalbibliothek
Die Deutsche Nationalbibliothek verzeichnet diese
Publikation in der Deutschen Nationalbibliografie;
detaillierte bibliografische Daten sind
im Internet über http://dnb.dnb.de abrufbar.

DG Deutsche Gesellschaft für christliche Kunst e.V.
Türkenstraße 16 (Hochparterre, linker Flügel)
80333 München, Deutschland
Telefon +49 (0) 89 28 25 48, Fax +49 (0) 89 28 86 45
dgfck@t-online.de, www.dgfck.de

Geschäftsführer und Kurator: Wolfgang Jean Stock
Assistenz und Organisation: Manuela Baur
Kommunikation: Gabriela Wurm
Technik: Heinrich Diepold, Walter Schreiber